AF358239

VENTE H. SAFFREY

AQUARELLES

Dessins

EAUX-FORTES MODERNES

Publications sur les Beaux-Arts

OBJETS DIVERS

Exposition

LE MARDI 12 MAI

Vente

LE MERCREDI 13 MAI

—

1896

IMPRIMERIE MAULDE et RENOU

MAULDE, DOUMENC & C⟨ie⟩
IMPRIMEURS DE LA COMPAGNIE DES COMMISSAIRES-PRISEURS
Rue de Rivoli, 144. — Paris

CATALOGUE

DES

AQUARELLES, DESSINS

Livres sur les Beaux-Arts

CUIVRES GRAVÉS, OBJETS DIVERS

EAUX-FORTES MODERNES

Vues de Paris

PAR BRUNET-DEBAISNES, FOREL, GAUTIER, GREUX, LALANNE, MARTIAL

MERYON (C.)

NIEL, DE ROCHEBRUNE, SADOUX, TAIÉE, ETC.

Composant l'Œuvre et la Collection de

M. H. SAFFREY

DONT LA VENTE AURA LIEU

HOTEL DES COMMISSAIRES-PRISEURS

Rue Drouot, n° 9. — Salle n° 8

Le Mercredi 13 Mai 1896, à 2 heures précises

———◦◦◦———

COMMISSAIRE-PRISEUR

Mᵉ Maurice DELESTRE, ~~21, rue Drouot~~ 5 rue St Georges

ASSISTÉ DE

M. L. DUMONT, 27, rue Laffitte

———

EXPOSITION PUBLIQUE

Le Mardi 12 Mai 1896, de 2 heures à 5 heures 1/2

———

PARIS — 1896

CONDITIONS DE LA VENTE

Elle sera faite au comptant.

Les Acquéreurs paieront CINQ POUR CENT en sus des enchères, applicables aux frais.

M. DUMONT, chargé de la vente, se réserve la faculté de rassembler ou de diviser les lots.

MM. les Amateurs pourront visiter la Collection chez M. DUMONT, *rue Laffitte, 27, pendant les huit jours précédant la vente.*

M. DUMONT *se charge des commissions des Amateurs qui ne pourraient assister à la vente.*

MAULDE, DOUMENC et Cie, imprimeurs de la Compagnie des Commissaires-Priseurs, rue de Rivoli, 144. 5oo—58404

DÉSIGNATION

SAFFREY (H.)

AQUARELLES ENCADRÉES

1 — **Paris;** Vue prise du Pont Royal.

2 — » Vue prise de Meudon.

3 — » Le Pont des Arts.

4 — » Le Trocadéro, vu de la Seine.

5 — » Rue Saint-Honoré.

6 — » Le Moulin de la Galette à Montmartre.

7 — » Vue prise du Port Henri IV.

8 — » Le Luxembourg.

9 — » Vue des Tuileries prise du Quai Malaquais.

10 — » Vue prise du Pont des Saints-Pères.

11 — » Vue prise du Parc Montsouris.

12 — » Saint-Etienne-du-Mont.

13 — » Vue prise du Pont d'Austerlitz.

14 — » Avenue Mac-Mahon en 1893.

15 — » Rue de Nansouty.

16 — » Vue prise du Pont d'Austerlitz.

17 — » Abside Notre-Dame.

18 — » Sur la Bièvre.

19 — » La Place de l'Étoile.

20 — » Le Pont Neuf en réparations.

21 — » Abside Notre-Dame.

22 — **Paris**; Avenue des Gobelins.

23 — Une Rue à Rueil.

24 — Pont de Chatou.

25 — **Rouen**; Vue générale.

26 —   »   Place de la Haute-Tour.

27 —   »   Impasse du Petit-Salut.

28 —   »   Place de la Haute-Tour.

29 —   »   Rue du Halage.

30 — **Le Havre**; Quai d'embarquement.

31 — Bateaux à voile au Havre.

32 — **Le Havre**; Marée basse.

33 — **Vannes**; Rue Cabello.

34 —   »   Rue de l'Hôtel-de-Ville.

35 —   »   (autre vue).

36 — Le Croisic.

37 — A Nantes.

38 — **Honfleur.**

39 —   »

40 — A Pouliguen.

41 — Saint-Nazaire; Quai d'embarquement.

42 — Belle-Isle.

43 — **Tours**; Quai du Pont Neuf.

44 — Vue prise de la Jonchère.

45 — Tarascon.

46 — Viedessos (Ariège).

47 — A Viedessos (Ariège).

48 — Barque de Pêche.

49 — *La Couleuvrine*; Torpilleur.

50 — *Le Patia*; Voilier.

51 — *Le Marcia*; Voilier.

52 — Transatlantique *Mexico*.

53 — Transatlantique *Westphalia*, au Havre.

54 — Bateaux à vapeur.

AQUARELLES EN FEUILLES

55 — Paris; Le Pont des Arts. — Au Parc Monceau. — Le Luxembourg. — Cours la Reine. — Jardin des Tuileries.
    Cinq aquarelles.

56 — Paris; Rue Richelieu. — Rue de l'Abreuvoir à Montmartre. — Cour d'Hôtel. — Avenue Mac-Mahon en 1890.
    Quatre aquarelles.

57 — Église aux environs de Paris. — Rueil. — Entrée de Village. — Paysage.
    Quatre aquarelles.

58 — Mont Sainte-Odile (Alsace); trois vues différentes.

59 — Vicdessos. — Le Havre.
    Deux aquarelles.

60 — Paris; Abside de Notre-Dame. — Place Saint-Sulpice. — L'Institut. — Les Cagnards de l'ancien Hôtel-Dieu.
    Quatre aquarelles et une sépia.

61 — A Sèvres. — Paysages. — Études d'arbres.
    Cinq aquarelles.

62 — Un Cuirassé. — Un Transatlantique. — Marine.
    Trois aquarelles.

63 — Vues de Paris et de ses Environs. — Paysages. — Marines. — Fleurs, Oiseaux, etc.
    Vingt-quatre études et croquis à l'aquarelle.

64 — Paris; Place du Carrousel. — Terre-Plein du Pont-Neuf.
    Deux aquarelles.

DESSINS

65 — Paris; Quai du Louvre et Berges de la Seine.
    Dessin au crayon noir, rehaussé, encadré.

66 — Paris; Vue prise du Pont de la Concorde.
    Dessin au crayon, encadré.

67 — Paris; Le Pont Royal et le Quai du Louvre.
    Dessin au crayon, encadré.

68 — Paris; Le Pont des Saints-Pères et le Quai Voltaire, vue prise
du Pont Royal.

Desssin au crayon, encadré.

69 — Paris; Le Pont Saint-Louis et le Quai d'Orléans.

Dessin au crayon, encadré.

70 — Paris; Le Pont d'Arcole et le Quai de l'Hôtel-de-Ville.

Dessin au crayon, encadré.

71 — Paris; Pont de l'Alma et le Trocadéro. — Pont de Solférino et
les Quais. — Pont de la Concorde. — Pont des Saints-Pères et le
Louvre.

Quatre dessins au crayon.

72 — Paris; Quai de Javel. — Le Pont Neuf. — Pont Royal. — Abside
Notre-Dame. — Pont et Place de la Concorde.

Cinq dessins au crayon.

73 — Paris; Le Vert-Galant. — Pont des Arts. — Abside Notre-
Dame. — Abside Notre-Dame et Pont Saint-Louis. — Paris, vue
prise du Pont d'Austerlitz.

Cinq dessins au crayon.

74 — Paris; Boulevard de la Madeleine. — École Militaire. — Place
de la Concorde. — Rue Saint-Sulpice. — Démolitions.

Six dessins au crayon.

75 — Panorama de Paris, vu du Trocadéro. — Paris, vue prise de
Meudon. — Pont Neuf et la Samaritaine. — La Halle aux vins. —
Quai de l'Hôtel-de-Ville. — Le Pont Neuf en réparations.

Six dessins au crayon.

76 — Paris; Quai Henri IV, vue prise du Pont d'Austerlitz. — Pont
des Saints-Pères. — Rue du Pont Louis-Philippe et Quai d'Orléans. — Pont Sully. — Écluse de la Monnaie.

Six dessins au crayon.

77 — Paris; Avenue des Gobelins. — Les Halles. — Avenue de Bre-
teuil. — La Madeleine. — Le Luxembourg. — Rue de Nansouty.

Sept dessins au crayon.

78 — Paris; Le Sacré-Cœur. — Le Trocadéro. — Le Tribunal de
Commerce et la Tour de l'horloge. — Le Pont Neuf et la Samaritaine. — Rue Boissy-d'Anglas. — L'Estacade.

Sept dessins au crayon.

79 — Paris; Rue de Gentilly. — Avenue Mac-Mahon. — Montmartre.
— Cour d'Hôtel, etc.

Six dessins au crayon.

80 — Paris; Abside de Notre-Dame, vue du Pont de la Tournelle. — Pont de la Concorde. — Pont des Saints-Pères. — Le Pont-Neuf, vue prise du Quai des Grands-Augustins. — Quai d'Austerlitz. — Pointe de la Cité et Pont Sully.

    Six dessins au crayon.

81 — Asnières. — Bercy. — L'Ouche à Dijon. — Chatou. — Nanterre. — Rueil, etc.

    Huit dessins au crayon.

82 — Rouen; Vue générale. — Impasse du Petit-Salut. — Place de la Haute-Tour.

    Trois dessins au crayon.

83 — Le Havre; Entrée du Port. — La Jetée.

    Deux dessins au crayon.

84 — Le Havre; La Jetée et le Musée.

    Dessin à la plume rehaussé de sépia, encadré.

85 — Port de Bordeaux.

    Dessin au crayon, encadré.

86 — Strasbourg; La Rue Kramer et la Cathédrale.

    Dessin au crayon, encadré.

87 — Vannes; Rue de l'Hôtel-de-Ville. — Paris; Rue des Chantres. — Cathédrale de Mantes. — Senlis. — Sainte-Odile, etc.

    Neuf dessins au crayon.

88 — Rome; Le Tibre. — Le Château Saint-Ange.

    Deux dessins au crayon.

89 — Croquis et Études faits à Belle-Isle. — Le Palais de Belle-Isle.

    Cinq dessins au crayon.

90 — Paris; La Seine et les Quais.

    Dix-huit dessins au crayon.

91 — Paris; Monuments, places, jardins publics, etc.

    Onze pièces.

92 — Intérieur de cave. — Rue de Paris la nuit. — Quai du Louvre. — Chatou. — Bas-Meudon. — Paysages, etc.

    Dix-huit dessins au crayon au fusain et à la plume.

93 — Études, croquis, esquisses sur Paris.

    Quarante-deux dessins.

94 — Environs de Paris — Paysages. — Vues, etc.

    Vingt dessins au crayon.

95 — Vues du Havre, Strasbourg, etc.

Huit dessins et croquis au crayon.

96 — Marines. — Bateaux de pêche et divers.

Six dessins au crayon.

97 — Études de Bateaux à voiles. — Barques de pêche, etc.

Dix dessins au crayon.

98 — Croquis et études de Navires, Barques, etc.

Trente dessins au crayon.

99 — Études d'animaux. — Nature morte. — Portraits et études diverses.

Dix-sept dessins au crayon et à la plume.

100 — Études. — Croquis à la plume d'après Gavarni, Monnier, etc.

Vingt dessins.

101 — Sous ce numéro seront vendues les Études à l'aquarelle, Dessins, Vues, Paysages, Marines, non catalogués.

ESTAMPES

BEAUMONT (DE)

102 — Porte sculptée. — Une Rue au Mont-Saint-Michel. — Vues, etc.

Quatre pièces, très belles épreuves d'artiste.

BRACQUEMOND

103 — La Fuite en Égypte. — Paysage, d'après COROT. — Scène de Rabelais.

Trois pièces, belles épreuves.

BRUNET-DEBAINES

104 — La Sainte-Chapelle. — Les Cagnards de l'ancien Hôtel-Dieu, etc.

Trois pièces, très belles épreuves d'artiste.

CHAPLIN

105 — Fileuse. — Angélique. — La Lecture, etc.

Six pièces, belles épreuves.

CUCINOTTA

106 — Portraits. — Le Péage, d'après RUDAUX, etc.
> Sept pièces, très belles épreuves d'artiste.

DETAILLE

107 — Chasseur à cheval. — Cuirassier en vedette. — Trompette de chasseurs.
> Quatre pièces, très belles épreuves d'artiste.

EAUX-FORTES MODERNES

108 — Paysages, Vues, par APPIAN, BEAUVERIE, BRUNET-DESBAINES.
> Six pièces, belles épreuves.

109 — Fumeur, d'après MEISSONNIER. — Un Grenadier, par BELLANGÉ. — Chiffres et Ornements, etc.
> Sept pièces, belles épreuves.

110 — Paysages, par DAUBIGNY, JONGKIND, CHAMPOLLION, MASSON.
> Sept pièces, belles épreuves.

111 — Marat, Cadart, etc. — Sujets divers, par MARTIAL, MONZIÉS, de NEUVILLE.
> Douze pièces, belles épreuves.

112 — Paysages. — Vues. — Marines, par BALLIN, SAFFREY, TRIMOLET, etc.
> Treize pièces, belles épreuves.

113 — Paysages et Sujets divers, par PALIZZI, MICHETTI, COURTRY, DUPRAY, etc.
> Vingt pièces, belles épreuves.

114 — Guitariste, par LALAUZE. — Femmes d'Alger, par GŒNEUTTE. — Une Averse, par MORIN. — Sujets divers, par FLAMENG, GILLI, JACQUEMART, etc.
> Dix-sept pièces, belles épreuves.

115 — Paysages, Vues, par EDWARDS, LEROLLE, VEYRASSAT, etc.
> Vingt-cinq pièces, belles épreuves.

ÉCOLE ANCIENNE

116 — Misères de la guerre, par CALLOT. — Paysages et Vues d'Italie. — Études et Portraits.
> Trente pièces.

FOREL

117 — Le Pont Neuf et les Quais.

> Très belle épreuve d'artiste. Rare.

GAUTIER (L.)

118 — Abside Notre-Dame.

> Très belle épreuve d'artiste sur Japon. Signée.

119 — Santa Maria Della Salute, d'après CANALETTI.

> Très belle épreuve d'artiste avec remarque sur Japon. Signée. Encadrée.

120 — La Sainte-Chapelle.

> Très belle épreuve d'artiste sur Chine.

121 — Quai Valmy. — Pont des Saints-Pères. — Place Maubert. — Le Châtelet. — Rue Saint-Julien-le-Pauvre. — Écluse de la Monnaie.

> Six pièces, très belles épreuves d'artiste sur Japon. Signées.

122 — Marseille; Le Port. — L'Hôtel de Ville.— Bassin de la Joliette. — Quai du Vieux Port. — Palais de Longchamp, etc.

> Sept pièces, très belles épreuves d'artiste, dont six avec remarque. Signées.

123 — Le Château Saint-Ange.

> Très belle épreuve d'artiste.

124 — Le Pont des Saints-Pères.

> Très belle épreuve d'artiste avec remarque. Signée.

125 — Le Forum.

> Très belle épreuve d'artiste avec remarque sur Japon. Signée.

GREUX

126 — Le Pont Neuf. — Le Jubé de Saint-Étienne-du-Mont.

> Deux pièces, très belles épreuves d'artiste sur Japon. Signées.

JACQUE (Ch.)

127 — Cour de ferme. — Intérieur de forge. — Maisons de paysans. — Vieux Mendiant, etc.

> Neuf pièces, belles épreuves.

LALANNE (M.)

128 — Paris; Vue prise du Trocadéro. — Vue prise du Pont de la Concorde.

> Deux pièces, très belles épreuves.

LALANNE (M.)

129 — Rue des Marmousets. — La Seine à Argenteuil. — Le Pigeon-
nier, etc.

 Sept pièces, belles épreuves.

BROWN (Lewis), LEPIC, SOMM

130 — Menus et Programmes. — Les Pupazzi. — Cercle de la Presse.
 Six pièces, belles épreuves.

LITHOGRAPHIES

131 — Études d'animaux.— Modèles, etc.
 Trente-neuf pièces.

LONGUEVILLE (C.)

132 — Inondations de 1872 à Rueil.
 Dix pièces, épreuves d'essai.

MARTIAL

133 — Rue de la Tonnellerie.
 Très belle épreuve d'artiste.

134 — La même Estampe.
 Très belle épreuve.

135 — Mabille. — Le Vaudeville.
 Deux pièces, très belles épreuves d'artiste.

136 — Paysage. — Mare sous bois.
 Deux pièces, très belles épreuves d'artiste.

MÉRYON (Ch.)

137 — Rue Pirouette, aux Halles.
 Très belle épreuve sur Chine.

138 — La Salle des Pas-Perdus, au Palais de Justice.
 Très belle épreuve.

139 — Saint-Étienne-du-Mont.
 Superbe épreuve avant les inscriptions.

140 — La Pompe Notre-Dame.
 Superbe épreuve du 2ᵉ état.

MÈRYON (Ch.)

141 — La Petite Pompe.

> Très belle épreuve.

142 — La Rue des Toiles, à Bourges.

> Superbe épreuve sur Japon.

143 — Collège Henri IV.

> Très belle épreuve.

144 — Vue de San Francisco.

> Très belle épreuve.

145 — La Tour de l'Horloge. — Le Petit Pont. — Présentation du Valère Maxime.

> Trois pièces, belles épreuves.

NIEL (G.)

146 — Eaux-Fortes sur le vieux Paris.

> Cinq pièces dans une couverture, très belles épreuves.

OUDART, GÉRY ET DIVERS

147 — Vignettes pour les *Fables* et les *Contes* de Lafontaine. — Vignettes et Portraits divers.

> Vingt-cinq pièces, belles épreuves.

ROCHEBRUNE (O. de)

148 — Hôtel de Cluny.

> Très belle épreuve d'artiste.

149 — Hôtel de Ville de Paris incendié.

> Très belle épreuve.

150 — Châteaudun pendant le bombardement.

> Très belle épreuve.

151 — Château d'Anet.

> Très belle épreuve, portant le cachet de l'artiste.

152 — Lanterne du Château de Chambord.

> Très belle épreuve d'artiste.

153 — Escalier du Château de Chambord.

> Très belle épreuve d'artiste.

154 — Porte et Cheminée de l'atelier de Terre-Neuve.

> Deux pièces, très belles épreuves portant le cachet de l'artiste.

SADOUX

155 — Château de Chantilly; façade. — Le même, côté des jardins.

> Deux pièces, très belles épreuves d'artiste avec remarque sur parchemin. Signées. Encadrées.

SAFFREY (H.)

156 — Collège Louis-le-Grand.

> Très belle épreuve. Signée et encadrée.

SOUMY

157 — François Ier, d'après LE TITIEN.

> Très belle épreuve d'artiste sur Chine.

TAIÉE (A.)

158 — Vues de Paris. — Paris en train.

> Dix-sept pièces, belles épreuves.

159 — Paysages, d'après COROT, CHINTREUIL, MILLET.

> Quatorze pièces, belles épreuves.

160 — Paysages, Vues, d'après BEAUVERIE, JACQUES, JONGKIND, DIAZ.

> Quinze pièces, belles épreuves.

161 — Paysages et Sujets divers, d'après PELOUSE, WILLEMS, WORMS, etc.

> Dix-neuf pièces, belles épreuves.

162 — Paysages. — Vues.

> Trente-six pièces, belles épreuves.

163 — Environs de Paris. — Mantes. — Ile Saint-Ouen. — Boulogne, etc.

> Trente pièces, belles épreuves.

164 — Paris pendant le Siège et sous la Commune.

> Huit pièces, belles épreuves.

TEYSSONNIÈRES

165 — Saint-Bruno refusant les présents du comte Roger de Calabre, d'après J.-P. LAURENS.

> Très belle épreuve d'artiste.

TOUSSAINT

166 — Exposition de 1878. — Saint-Cloud. — La Grosse Horloge, à Rouen.

> Trois pièces, très belles épreuves d'artiste.

VOISIN

167 — Le Mont Saint-Michel.
   Très belle épreuve d'artiste avec les remarques explicatives.

168 — Sous ce numéro, un lot de journaux illustrés : *Paris-Murcie*, *Paris-Noël*, *Le Salon*, livraisons du journal *l'Art*, etc.

169 — Sous ce numéro, seront vendues environ deux cents photographies : Paysages, Vues de Paris, Rouen, Strasbourg, etc.

PLANCHES GRAVÉES

SAFFREY (H.)

170 — L'Hôtel de Ville en 1870. — L'Hôtel de Ville incendié.
   Deux cuivres.

171 — Château de Saint-Germain.
   Un cuivre.

172 — L'Ouche, à Dijon.
   Un cuivre.

173 — Rue Saint-Sulpice.
   Un cuivre.

PUBLICATIONS SUR LES BEAUX-ARTS
CATALOGUES ILLUSTRÉS

174 — **Catalogue** de la Collection de M. John W. Wilson, exposée dans la galerie du Cercle artistique de Bruxelles, avec 68 planches gravées à l'eau-forte. *Paris, Jules Claye*, 1873.

175 — **Catalogues** de la Collection A. R. et de la Collection Suermondt: catalogues illustrés.

176 — **Chintreuil** (la Vie et l'OEuvre de), par A. de la Fizelière, Champfleury, F. Henriet. Quarante Eaux-Fortes, par Martial, Beauverie, Lalauze, Saffrey, etc. *Paris, Cadart*, 1874.

177 — **Coindre** (G.). Besançon qui s'en va; suite de vingt pièces dans la couverture de publication. *Paris, Cadart.*

178 — **L'Eau-Forte en 1874.** Texte par Ph. Burty. Trente Eaux-Fortes par Appian, Chauvel, Daubigny, Duez, Jacquemart, Lalanne, Lhermitte, Ribot, etc. Exempl. sur hollande. *Paris, Cadart.*

179 — **L'Eau-Forte en 1875.** Texte par Ph. Burty. Quarante Eaux-Fortes par Boilvin, Bracquemond, Chauvel, Detaille, Lalanne, Lhermitte, Legros, de Neuville, etc. Exempl. sur hollande. *Paris, Cadart.*

180 — **L'Eau-Forte en 1876.** Texte par Eugène Montrosier. Trente Eaux-Fortes par Berne-Bellecour, Bracquemond, Chauvel, Chaplin, Daubigny, Lalanne, Lançon, de Nittis, Ribot, Rops, etc. Exempl. sur hollande. *Paris, Cadart.*

181 — **L'Eau-Forte en 1877.** Texte, par Ernest Chesneau. Trente Eaux-Fortes, par Chauvel, Daubigny, Lalanne, Lhermitte, Ribot, Rops, etc. Exempl. sur Hollande. *Paris, Cadart.*

182 — **Galerie Oppenheim.** Catalogue illustré, d'après des tableaux modernes.

183 — **Guilmard** (D.). Les Maîtres ornemanistes, publication enrichie de 180 planches tirées à part et de nombreuses gravures dans le texte ; introduction par M. le baron Davillier. *Paris, E. Plon et Cie.*

184 — *L'Illustration nouvelle.* Les quatre premières années reliées en deux volumes.

185 — *L'Illustration nouvelle.* Six années, de la 5e à la 11e; deux fascicules doubles.

186 — **Lafontaine** (J. de). Contes et Nouvelles en vers, ornés d'estampes de Fragonard. Réimpression de l'édition de *Paris, Didot,* 1795. *Paris, J. Lemonyer.* Exemplaire portant le n° 290.

187 — **Lalauze.** Le Petit Monde. Suite de dix pièces. dans la couverture. *Paris, Cadart.*

188 — **Longueville** (C.). Voyage d'un marin à Jérusalem. Suite de dix pièces, dans la couverture de publication. *Paris, Cadart.*

189 — Inondations de 1872 à Rueil. Suite de dix pièces, dans la couverture de publication.

190 — **Martial.** Salon de peinture de Paris, 1865. Exemplaire sur Chine. *Paris, Cadart.*

191 — Salon de peinture de Paris, 1866. Exemplaire sur Hollande. *Paris, Cadart.*

192 — Annuaire des Beaux-Arts pour 1875. Exemplaire sur Chine. *Paris, Cadart.*

193 — Paris intime. Exemplaire sur Chine. *Paris, Cadart.*

194 — Lettre illustrée sur la gravure. Suite complète de quatre pièces, dans la couverture de publication. *Paris, Cadart.*

195 — La Question du nouvel an. Suite complète de sept pièces, dans la couverture de publication. Exemplaire sur Hollande. *Paris, Cadart.*

196 — **De Neuville** (A.). En Campagne. Texte de Jules RICHARD. *Boussod et Valadon, Paris.*

197 — **Rops** (F.) et **Divers**. Eaux-Fortes originales inédites, publiées sous la direction de F. Rops. *Bruxelles, Félix Callewaert.* Par MARS, ROPS, SMITS, TAIÉÉ, etc.

> Quinze pièces, très belles épreuves d'artiste.

198 — **Selle** (E.). L'Eau-Forte drolatique. Suite de dix-huit pièces, dans la couverture de publication.

199 — **Trinquier.** La Guerre des Mines. Album lithographique. (*Relié.*)

200 — **Ovide.** Les Métamorphoses, avec figures, de MARTIN DE VOOS.

201 — Affiches, Annonces et Avis divers, du *Journal général de France,* de l'an VII au 12 septembre 1770.

202 — *Gazette officielle,* du 14 juillet 1815 au 27 janvier 1816.

203 — Sous ce numéro, il sera vendu quelques Livres et Publications non catalogués.

OBJETS DIVERS

204 — Bonbonnières anciennes en écaille avec incrustations.
> Trois pièces.

205 — Bonbonnières en écaille et en ivoire avec miniatures.
> Quatre pièces.

206 — Bonbonnières avec peinture.
> Trois pièces.

207 — Bonbonnières en écaille, ivoire, etc., avec sujets.
> Quatre pièces.

208 — Un Rouet ancien, complet.

209 — Un Porte-Carton.

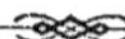

www.ingramcontent.com/pod-product-compliance
Lightning Source LLC
LaVergne TN
LVHW011025180726
843502LV00007B/2755